모든
사랑은
명장면
이다

모든 사랑은 명장면이다
지나쳤어도 지켜냈어도

초판 1쇄 인쇄 2018년 11월 8일
초판 1쇄 발행 2018년 11월 15일

지은이 용용일기(김용성)

발행인 장상진
발행처 (주)경향비피
등록번호 제2012-000228호
등록일자 2012년 7월 2일

주소 서울시 영등포구 양평동 2가 37-1번지 동아프라임밸리 507-508호
전화 1644-5613 | **팩스** 02) 304-5613

ISBN 978-89-6952-303-7 03810

· 값은 표지에 있습니다.
· 파본은 구입하신 서점에서 바꿔드립니다.

모든 사랑은 명장면이다

지나쳤어도 지켜냈어도

용용일기
김용성

경향BP

프롤로그

제 책의 단어는 몇 개 되지 않습니다.
그저 제가 아는 단어 몇 개로 이야기합니다.

그럴싸한 단어를 책 속에서 뒤지는 수고도 없이,
어려운 문장으로 글 솜씨를 뽐내는 재주도 없이
용용일기는 일상을 적고 그립니다.

엄마 아빠는 저보다 더 적은 단어로 사랑을 주셨고
연인은 몇 개의 단어만 가지고도 하루가 벅차며,
내일 또 그 단어 몇 개로 울고 웃기 때문입니다.

모든 사랑하는 사람들이,
모든 사랑했던 사람들이
많이 행복하길 바라며,
많이 아프길 바랍니다.

그래야
내일이 오기
때문입니다.

예쁜 꽃 꺾어서
너에게 주려다

그 옆에 아무 풀
꺾어서 건네도

'와' 하며 웃으니
나는 널 사랑하지

더 작은 것에도

더 큰 미소를 보이는 널

—

누가 대신해

일이 잘 안 되고...
쓸데없이 화를 내고...
맥주를 사서 들어가는 밤...
그저 니가 보고싶은 거였어

뭐가 부족했나 했더니
네가 부족했던 거였어

마지막이니까
할 말을 다 했는데...

마지막이니까
들어줄 걸 그랬나...

마지막이라도 달랐다면
마지막이 달라질 수도 있었을 텐데

—

우리

오늘 웃었어요?

좋았겠어요

앞사람은...

#보고싶어요 오늘 더

너의 웃는 모습도 좋지만
너의 웃는 이유가 나라면

—

얼마나 좋을까

그립던

사람도

그립다

설렘이 마르니 이별이 왔고
미움이 마르니 그리움이 왔네

힘들게 만나는 게 나을까...
헤어지고 힘든 게 나을까...

힘들게 만나는 게 나을까
헤어지고 힘든 게 나을까

—

나은 게 없네

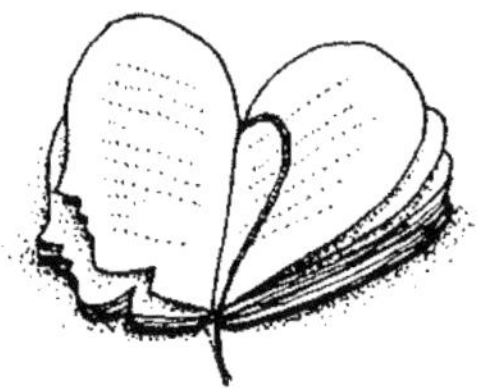

니 생각만 읽다가
니 마음은 넘겼네

잃었다 생각한 생각은 틀렸고
넘겼던 마음에 마음이 맞았네

이별이 왜 힘든지 알았어
사랑을 하는동안
다 쓰지않고 남겨두어서
남은 사랑을 다 쓰느라
그랬던거야
혼자서

누군가를 사랑하면
다 써야 하는 몫이 있는가 봐
우리는 사랑하면서도
그 마음을 아끼고, 덜 표현하고
당연히 알겠거니 하며 남겨두곤 하지

—

그 마음이 고스란히 이별 뒤에 찾아와
남은 만큼의 사랑을
혼자 하게 만드는 것 같아

#너의 내일이 궁금해

너는 내일
누굴 보고
무얼 먹고
어딜 가나

나의 오늘엔
너의 내일이
가득해

우리가 잘되길
하늘에 바랐다

#너에게 바랄걸

너에게 끝없이 얘기할걸
하늘에 끝없이 얘기했네

—

좋아한다고

헤어질까봐 다툼을 미루는 건
멀어질까봐 고백을 미루는 것
나아지지 않는것

미룰수록
이룰 수가
—
없는 것을

열어달라고 해놓고
닫지도 않고 떠났니

그래

넌 서성였고
난 열어줬지

내가 열었으니까
내가 닫으란 거지

이별도 별이구나
밤이면 더 떠오르는걸 보니...

너는 지금

누구 앞에서 반짝이고 있을까

내 마음 다하고도 이루지 못한다면
내 다음 사랑에겐 어떻게 해야할까

지금 보니 그런 거 같아
사랑이 부족해서가 아닌 거 같아

점수로는 100점이 최고지만
사랑은 사람마다 원하는 점수가 다 다른 거 같아

내가 70점 정도만 사랑해줘야 좋아하는 사람
내가 50점 정도만 사랑해줘야 좋아 죽는 사람

그런 거 같아
내가 준 사랑의 양과
그가 바란 사랑의 양이
달랐던 거 같아

너는 나에게
추억이 되지 마라

#님아...

"나한테 바라는 거 없어?"
"나에게 추억이 되지 마!"

"그럴게."

잊혀져서 마시는 거야

사랑은 끝이 났고
이별도 견딜 만해

적당히 슬프고
적당히 힘들어

그런데
좋았던 기억도
사라져가는 거 같아서,
그래서 그래

사랑에
사랑만 있다면
그렇게 사랑스럽겠어?

적당한
미움이, 질투가, 오해가 섞일 때
더 빠져드는 거야

잘 걷어내야 하고

사랑은 방심한 사이 시작되고
이별은 안심한 사이 시작된다

방심과 안심 사이
관심이 필요하다

우리는

세수처럼
양말처럼
자기 전 듣는 음악처럼
매일매일 챙기는 것들 중에
나도 그중 하나라면...

일상처럼 스며들어
나의 곁에 머무르렴

니가 믿는 우연이란거
내가 만든 인연이었어

모르겠지만
오래 걸렸어

누군가의 행복한 모습을 보기 위해
누군가는 오늘도 우연을 만들겠지

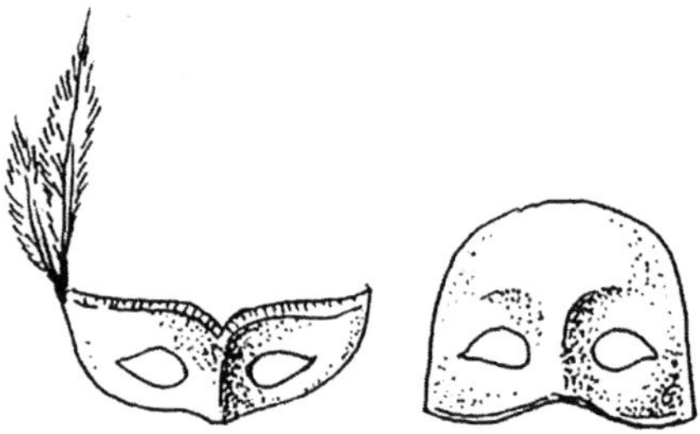

뻔한 거짓말로
나를 속이려 애쓰는 너보다
끝이 날까봐
모른 척 넘어가주는 내가 싫었다

#가면놀이

미소 뒤의 눈빛은
웃지 않고 있는 걸

아니?

어쩌면 사랑은

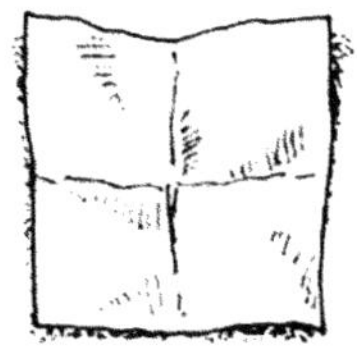

다 접었을 때와 다 펼쳤을 때의

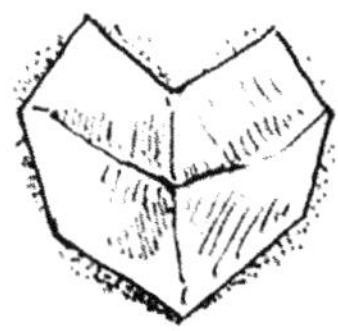

중간쯤 아닐까?

그리고 중간이란 건
서로의 반반이란 것

아닐까

널 갖는 것도 안 되더니
널 잊는 것도 안 되다니
#이런게 어딨어...

처음엔
널 잊어보려 노력도 했어

술로, 친구로, 다른 사람으로

그리고 알았지

사랑이 노력으로 안 된 것처럼
이별도 노력으로 안 되는구나

그냥 한 말이라니
그게 이유였는데
#내아픔...

그말이
결말이
되었네

꽃다운
나이는 아니지만
나는 알았다
너를 만난 지금이
더
아름다울 때라는 걸...

#내 삶에...

꽃처럼 화려한
시절이 있지만

꽃보다 화려한
시절도 있어요

#왜 슬픈지...

얼마나
기도했는데

오늘이
오지 않기를

혼자가 되려거든
둘이서 끝내야지

혼자만 끝내는 건
혼자만 끝난 거야

끝이 없이
끝이 났다

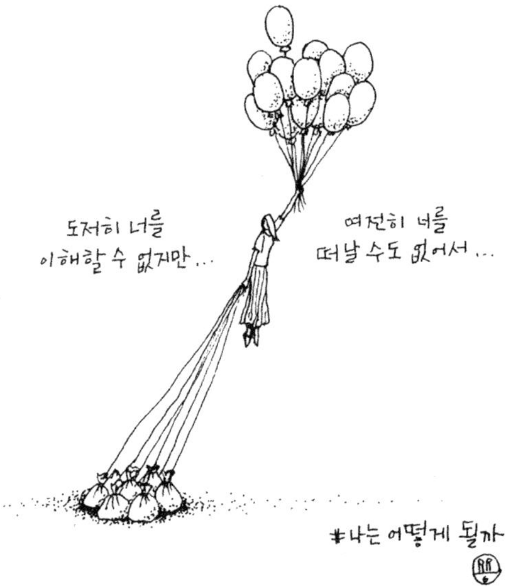
도저히 너를
이해할 수 없지만...
여전히 너를
떠날 수도 없어서...
#나는 어떻게 될까

너보다 더
알 수 없는 건

나였어

다짐뿐인
다짐은...

#다 짐일 뿐...

다짐을 했으면
실천을 해야지

다 네 거야

나도 그냥 보여주고 싶어서...

그냥 네가 좋은데
그냥 하는 말들이
그냥 그냥 들릴까

왜 좋아하지도 않는

나를 좋아해가지고

더 안좋아지게 만들어...

그냥 두지 그랬어
그만 두고 갈 거면

넌 왜 날 내버려두는데...

내 인생 가장 큰 후회는
너와 친구가 된 거야

이별이 힘드니…
#사랑은 쉬웠고?

사랑도 그만됐잖아
이별도 그만둬

그만 일어서

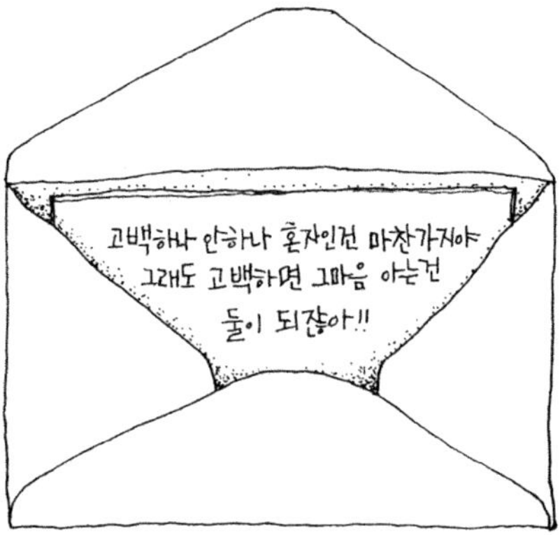

차이더라도...

마음도 보여주지 못하면서
마음을 가지려고 했던 거니

여름이 가고요
가을이 온대요
우리의 추억도
넘어가겠네요...

지난 이 계절엔

우리 그랬었는데 말이죠

난 과일을 사랑한다
그럼에도
귤의 겉면에 붙어있는 하얀 줄기를 귀찮아하고
포도의 작은 알맹이마다 들어있는 씨를 불편해한다
복숭아의 끈적한 과즙이 손에 흐르는 걸 싫어하고
수박에서 많은양의 쓰레기가 나오는 것을 싫어한다
그럼에도
난 과일을 사랑한다
싫어하는 부분이 있음에도 사랑하는것
불편한 부분이 있음에도 사랑하는것
어찌보면 그게 더 일반적인데
종종 '사랑한다며 왜 그러는데?'라는 질문을 받을 때면
죄인처럼 변명이나 설득할 문장을 찾게 된다
그저 그 부분이 별로이고
당신은 여전히 사랑하는데 말이다
순금조차 100%가 아닌데 말이다
우린 왜 사랑이 전부인 것처럼 사랑하려고 할까

"나 사랑하는 거 맞아?"라는 질문엔
'그런데 어떻게 그럴 수 있어?'가 숨어있어서

어렵기만 하다
사랑해도 그럴 수 있는 건데…

때로는 나에게
기대는 사람이 있어서
나도 살아가는 것이다
#힘들지만 힘이 나서

내가 힘을 낼 수 있는 건
나를 믿어주는 네가 있어서야

고마워
나의 어깨에 기대줘서
나의 내일에 기대줘서

너를 만나는 게
꿈만 같아서였을까...

#깨고 말았다

꿈을 깨야 비로소
숨을 쉴 수 있는데

막힌다
숨이

그대가 좋은 사람인건 알겠어요
그래도 좋은 인연인건 몰라서요

#멈출게요...

그냥
좋은 친구로 남기엔
그대 마음을 알아서

제가 떠나야 했어요

가진 게 없다고
값진 게 없을까

#그릇이 있잖아

비어 있다는 건

더 가득 채울 수 있다는 것

떠난 건 너 하난데
남은 건 나 하나네

전부였구나

그 작은 몸으로
얼마나 큰 사랑을 주었던 거니

내 세상 속에서

네 인생 어디쯤 내 얘기도 적혀있다면
책갈피 하나쯤 그 위에도 꽂혀있을까

책갈피 없이도 펼칠 수 있는
손때 묻은 페이지는
누구 차지일까

왜 그토록 그리워했는지
널 본 순간 알 수가 있었다

왜 너인지
또 느꼈다

가끔은 지나친 호의가
가끔은 타고난 배려가
오해를 사게도 한다!!

#나도 모른채 이야기는 시작된다

니가

왜

나한테

사랑은 너랑 했는데
이별은 누구랑 하나

벌써 떠난 너

왜 같이 한 시작을
너 혼자 끝내는데

—

이별도
해주고 가

어린 게
뭘 알겠냐더니

늙어서
다 까먹었단다

언제 아는 거지

알고 모르고보다
중요한 건

아는 걸 존중해주고
모르는 걸 무시하지 않는 것

볼수록 좋은사람은
볼 때마다 사랑해줄 때
만날 수 있답니다

사랑하는 사람을 만나는
가장 쉬운 방법은
그 사람을 사랑해주는 것

이별은
너와 하는 게 아니라
나와 하는 게 맞더라

#너를 향하던 나와 안녕...

내가 받아들일 때
네가 떠난 거겠지

오늘 또
실수하고 말았어
괜찮아 걱정마
요즘 난 왜이렇게
되는 게없지…
왜 되는 게 없어
#잘되고 있잖아
나랑!!

너를 만나고서
제일 잘되는 건
—
사랑이거든

" 난 너만 볼 거야 "

" 나도 너밖에 없어!! "

그런데 왜 너 안 보이지?...

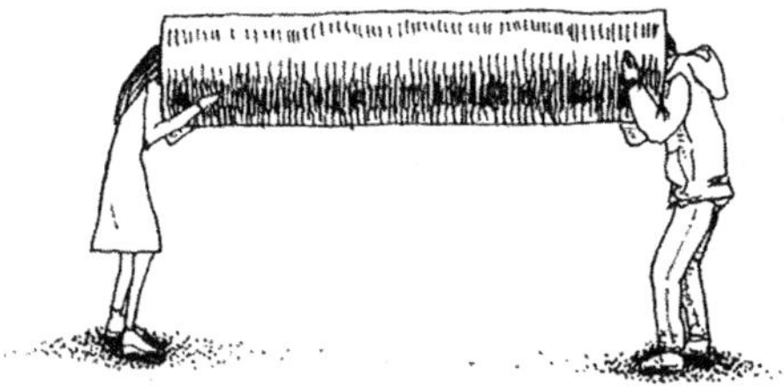

우리들의 시간이 행복하려면
우리 둘의 시간만 행복해서는

—

지치기 쉬워

넌 나의 겨울만보고 떠나갔구나
나도 꽤 괜찮은 계절의 나라인데

나의 꽃피는 봄도
파도치는 여름도
단풍든 가을도
보지않고 떠나갔구나...

이제 보니
내가 좋아하던 계절은
너와 함께하던 시절이었구나

목소리 듣고 잘걸...

너무 좋다
내 아침이 너라서

사랑을 아꼈다
그대를 아낄걸…

아껴 쓰지 말아요
사랑은

제일 높은 곳까지 올라가야만
정상이 아니다

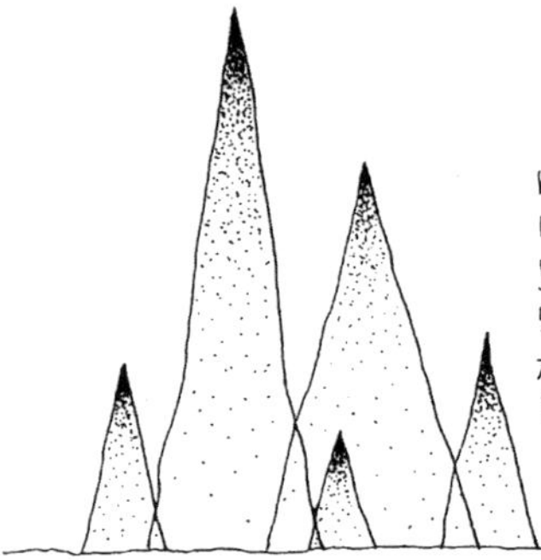

10계단이 목표였던 사람은
10계단이 정상이고
50계단이 목표였던 사람은
50계단이 정상이다
제일 높은 곳만이
정상이라고 생각한다면

#당신이 비정상

다섯 개로도 행복한 우리라면
굳이 열 개인 사랑을 부러워 마요

그 사랑은 열 개가 목표라서
아홉 개만 되어도 다섯 개인 우리보다
더 많으면서도
더 외로울 테니까요

힘들다고
사랑을 그만두는 건
당신이 사랑을
일처럼 하고 있기
때문이야

미루고 쌓아두고 하는 척하고...

그런 일은 없었으면 좋겠다
내가 일이 되는 일

—

너에게

저는 여전히 아픈데요
그댄 여전히 예쁘네요

이렇게 그대로인데요
어떻게 그대를 잊어요

혼자일 때 혼자인 것과

함께일 때 혼자인 것은

#전혀 다른 일

가만히 있던 날
가만히 두는 너

내버려두면 잘 자라

용

이별이란 녀석은 눈치도 빨라서
어느새 내 옆자리를 차지해버려

너만 믿고 따라오라더니
그만 잊고 떠나가란거니

#여기까지 와서...

믿었는데
잊으라니

—

이제 와서

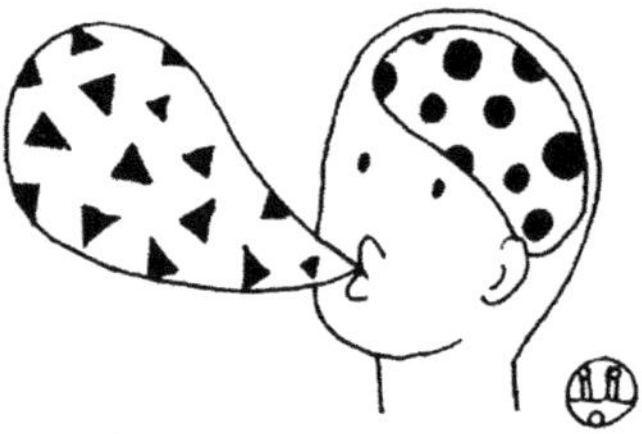

말이 잘 통해서 좋다더니
생각이 달라서 안 되겠다니…
#생각을 말로 한 게 아니었어?

생각이 달라진 게 아니라
시각이 달라진 게 아닐까

—

바라보는

나도 원래 모든 색을 갖고있어

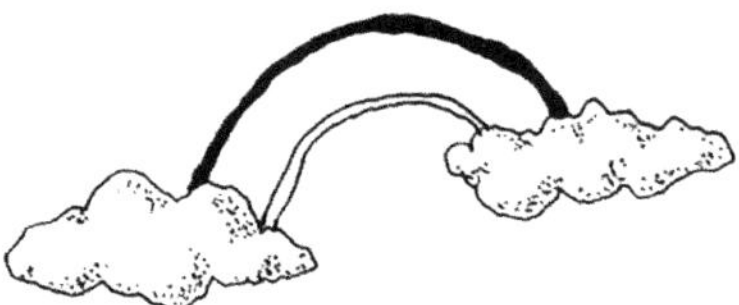

네가 보고싶은 색만 보는거지

너에게 필요한 색만 찾기보다
너와 나를 잘 섞었다면
못 만들 색이 없었을 텐데…

쓸데없이
전화좀해

그냥 걸어
그냥 좋아

—

쓸데 있어

난 아직도 어린가 봐
니가 하려는 편한 사랑이
내가 하기엔
불편하기만 하다...

편한 사랑이
편한 사람이 되는 건
아니니까

#아…다행이다

너와 있는 누군가를 보면
너보다 그 애를 더 보게 돼
나보다 괜찮은지…

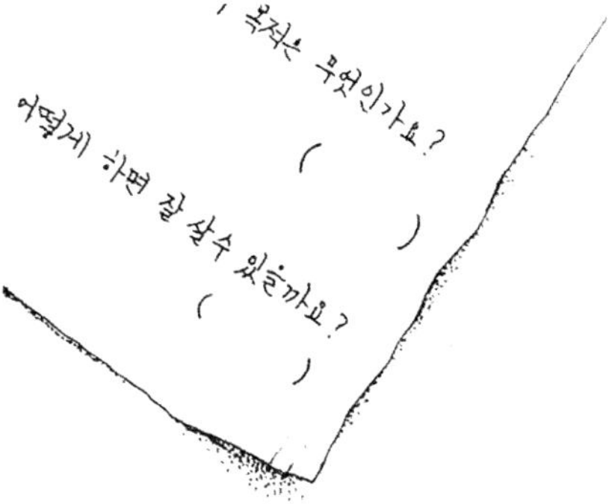

니가 왜 답이 없는줄 알아?
문제가 없어서...
#그러니까 걱정 마

너의 문제일 뿐이지

네가 문제는 아니야

해선 안 되는 시작이었나
너무 많은게 끝나버렸다
#우리

의심의 문을 두드리자
끝없는 끝이 시작됐다

가장 예쁜 사람이
가장 예쁨 받을까?

가장 예쁨 받는 사람이
가장 예쁜 사람 아닐까?

너는 꼭
예쁜 사람이 될 거야

—

나한테

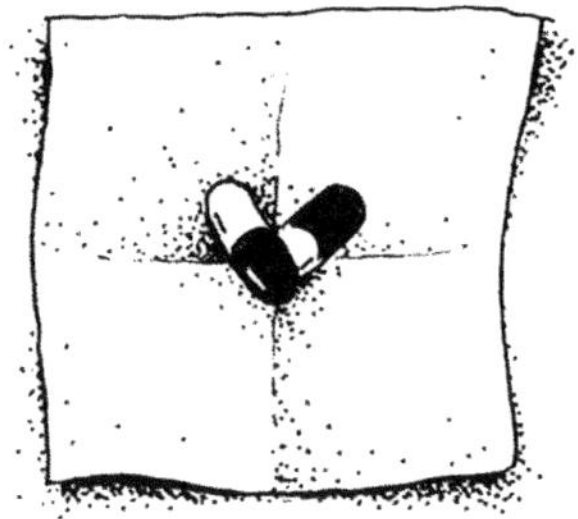

너는 여전히 소화되지 않은 채
가슴속에 남아 있다

내가 삼켜낸 너는 떠났고
맺힌 사랑은 나를 떠돈다

이번엔
해볼 만한 사랑이라 생각했는데…
결국엔
할 만큼만 사랑하고 헤어졌구나…

적당히 사랑하니
당연히 이별하지

말이 많다
맘이 없나...

어떤 말도
맘을 대신할 순 없다

—

난 오늘도
말이 많은가?

가파른 경사가
더 오래길 바랐다
손 내밀어 주는
네가 좋아서...

난 그렇게 약하지 않지만

더 울었다

더 아파했고

더 힘들어했다

—

날 안아주는

네가 좋아서

넌 떠났고

난 또 남고…

#마음

몸처럼 마음도
한번에 떠나면

—

더 슬플까
덜 슬플까

#그것도 괜찮잖아

내가 좋은 것도 좋지만
그 사람이 좋은 것도 좋거든

첫 페이지라고
또박또박 마음잡아 써내려왔는데
언제부터인지
삐뚤빼뚤 마음대로 쓰고있는 거지

어차피 나만 볼 노트인데
뭐 어떠냐 싶어서였겠지만
누구라도 들춰보려 하면
"나 글씨 진짜 못 써"라는 말부터 꺼내놓는 게
싫기도 한데…

결국 처음의 마음처럼 끝까지 잘 써지지 않더라고,
삐뚤게 쓰면서도 다시 잘 쓰고 싶지만
"이미 뒤죽박죽 된거 다음 번 노트부터 잘쓰면 되는 거지 뭐" 하고
어쩔땐 다 쓰지않은 노트를
서둘러 덮어버리기도 했는데…
지금 보니
사랑이 그랬던거 같아

시작만 있는 사랑이
몇 번째인가

널 다 가졌다고 생각했다
날 다 주지도 않았으면서

#다 줘야 다 담지

혼자가 되고서야
너에게 주지 않은
사랑이 보였다

이별이 오고 있는 걸 알면서도
우리는 왜 그쪽으로 걸어갔을까...

우리는
함께 걸었다
—
이별로

지나쳤어도
지켜냈어도
모든 사랑은 명장면이다

기뻤어도

슬펐어도

—

전부였지

chance

누군가가 좋아진다면 그때를 놓치지 마요

change

알아주길 기다린다면 그때는 변할거예요

기회를 잡아요
기대를 버리고

내 뱉은 고백이 한 송이 꽃이라면
삼켜낸 고백은 한 다발 쯤이려나

내 안에
네 맘이
더 많아

처음엔 투정도 잘 받아주더니
이제는 애교도 안 받아줄거니

빵

내 웃는 얼굴이

너를 보잖아

—

바보야

우리 사이에서 빠졌으면 좋겠다

#사이가...

우리 사이엔 사이가 너무 많다
우리가 더 많으면 좋을 텐데…

나도 그래...
잘하고 싶어서... 사랑을

살아가는데 제일 중요한 거
하나만 고르라면 뭐 고를래?

사… 사람
사랑?…

근데 왜 그러고 있어

떠난 게 아니라
비운 거라 생각할래...
#아직은...

지금 넌 마음속에서 나를 다 비웠다지만
그 마음까지 내가 다 간직하고 있다가

다시금 채울 때
나눌 순 없을까

다시

죽을 듯이 선명한 너의 기억도
수명 다한 전구처럼
반짝이다가
결국엔
끝이 나겠지...

지금은 너 없이
못 살 것 같아도

깜빡.
깜…빡…
깜……빡…… 하며

살아지겠지
사라지겠지

시간이 갈수록 늘어간건...

이해심이 아니라 인내심이었나...

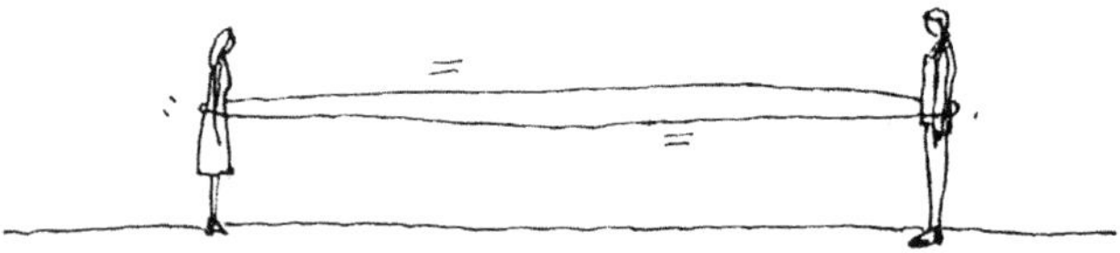

#팽팽하다

이해하지 않은 채
참아버린 날들은

꼭 다시 마주하게 되는걸…

여름은 덥고
겨울은 춥죠
그렇게 당연해요
#당신이 좋은 건

기억이 없이
사랑을 한다면
다음에도 난
널 사랑하겠지

—

당연히

살랑 바람이 불었고
덜컥 니손을 잡았지

넌 나에게
바람이었나

내게서 넌
지내려는가
지나가는가

그대는
구름 한점 없는
하늘이 예쁘다네요
저는요
하늘뿐인 하늘이
외로워 보이는데요

그대는 저에게 사랑을 느꼈는데
저는 그대에게 외로움을 느꼈나 봐요

"나중에 너랑 다시 와보고 싶어..."

나중도 왔고
나도 왔는데
너는 없구나
#어쩌면 너도 다녀갔니?...

잘 지내니?
아무렇지 않게 네 생각이 나는 걸 보니

너도 이제 추억이 되었나 보다

#집착 말고…

견딜 수 있을 만큼의
무게만 붙잡고 있자

붙어있어도
떨어져서도

그만한 정도로

너는 시작한 줄도 끝난줄도 모르지만...
나는 설레기도 아프기도 다했지
짝사랑

모르지

혼자서
혼자가
되는 맘

취하게 하지마

착각은 내가 했지만
원인은 네가 줬거든

이리 차이고
저리 차여서
속상해져도

만지고 싶고
간직하고픈
네가 될거야

#과정인거야

이리저리 부딪치고 깨지는 건
부드럽고 매끄럽고 단단한

네가 되어 가는 것

무슨 일이 있어도 지켜준다더니
아무 일도 없어서 떠나갔던거니

네가 지켜준 건
약속하지 않았던 일들

싫은건 또 좋은걸 이겼다

왜
숨어 있는 작은 문제점을 보고 나면
드러나 있는 수많은 좋은 점들은
왜곡되어 갈까

그런게 알고 싶다고
별거 아닌거...

중요한 것도 알고 싶지만
사소한 것도 알고 싶은걸

너잖아
나의 너

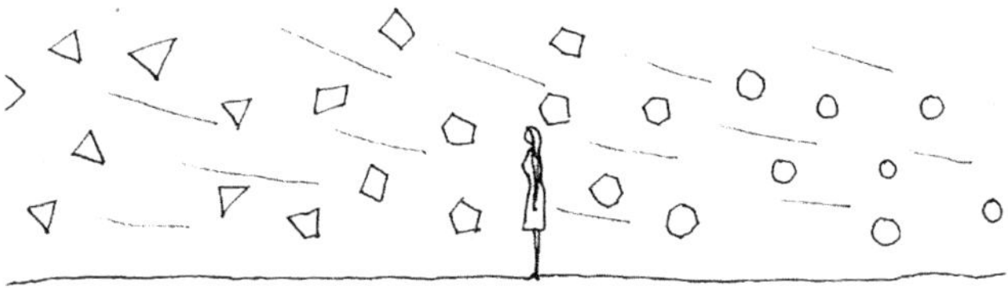

네가오고 모든것이 변했는데
네가가고 변함없이 지내는게...

#가능하겠어?

네가 원하는 모습이 되어가자
너는 변했다며 나를 떠나갔지

'ㅅ ㄹ'

이것만 봐도

흐뭇한 너는 '사랑'

서글픈 너는 '솔로'

지금 당신에게
'ㅅㄹ'이
무엇으로 보이시나요?

니가 떠나고

아무 일도 없었어!!

아무 일도 못했으니까...

별일 없는 하루가
이렇게 힘든 거구나

다 잘할순 없지만
더 잘할순 있잖아
그거면돼…

노력이란
실력보다
우선이다

내 진심이 너에겐

저울질의 무게였나봐

마음을 줄수록
마음이 무겁다

요즘은 괜찮은 애인보다
괜찮은 친구 만나기가 더 어렵거든 ...

마음을 주고 싶은 사랑만큼
마음을 나누고 싶은 우정도

—

중요하거든

어쩌면 진짜사랑은
저절로 이루어지는 사랑이 아니라
조금씩 이루어가는 사랑이 아닐까

차곡 차곡 모아서
니 마음 다 사야지

오늘

하늘엔

천사가 한명

더 늘었습니다 ☆

엄마.. 안녕

자식에겐 잘했던
자신에겐 못했던

어머니

편안히 쉬세요
사랑합니다

아빠
꽃~
꺾어줄까?
안 돼
그럼 나한테만
이쁘잖아
그냥 둬야
많이한테 이쁘지...

왜 그대로 있을 때 이쁜 걸
내 곁에서만 이쁘길 바라게 될까

갈수록

일회용은 편리하다

나도 편리했겠다!!

#너에게...

나는
재활용
가능할까

거짓말 때문에 마음을 잃기도 하지만
진실만 말해도 마음을 얻는건 아니라

외로운 우리는 오늘도 아프다

내민 손조차
선뜻 못 잡는

요즘 우리들

#편한 친구가 돼버릴까봐

너랑은 친구 안 해
너랑은 사랑할래

끈 없이도

벗겨지지 않는

발에 꼭 맞는

신발을 신은것처럼...

넌 나에게 꼭이야

꼭 네가 아니라도
난 누군가를 사랑하겠지만

계속해서 꿈꾸었겠지
지금 같은 사랑을

그대를 잊으려
여행을 떠났는데요
여행은 그대로
그대가 돼버렸네요…

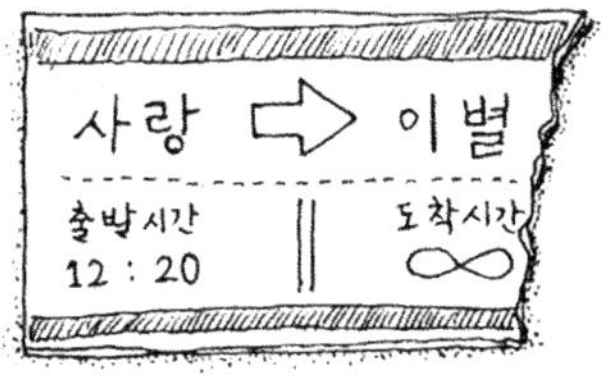

바람도
햇살도
그대를 얘기해요

풀잎도
자갈도
그대를 물어봐요

노을도
안개도
그대를 불러내요

그래도
그대로
그대를 잊을래요

헤어지고 보니
우리 참 멀리 걸어왔더구나...
돌아서서 보니
너는 참 빨리 돌아갔더구나...

돌아가는 길이
길었으면 좋겠어
끝이 났지만…

사랑은 너무 뻔한 거 같아
이별이 너무 흔해서 그래
#요즘은...

뻔하게 사랑하고
흔하게 이별하는

요즘

떠나간 사랑만 붙잡고 있다가
다가온 사랑도 떠나고 말았다

미련인 건가
미련한 건가

처음엔 내 눈도 못 쳐다보더니
이제는 그 눈도 안 쳐다볼거니

나를 훔쳐보던 네가
나를 흘겨보고 있다

결국 우리는 추억이 되겠지만
지금을 좀 더 바라봐야 한다
지는 노을을
피는 꽃잎을
부는 바람을
치는 파도를
그리고 웃는 그대를
좀 더 바라봐야 한다
결국 우리는 추억이 되겠지만

오늘의 행복을
내 앞의 아름다움을
추억에게 주지 말자

난 네가 될수 없으면서
넌 내가 되길 바랐었나

왜
너를 나처럼 바꾸려 했을까
나와 사귀려 했던 걸까

내 사전에
불가능은 없어도 좋은데

너는 있었으면 좋겠다

가능이든

불가능이든

—

해보자 우리

술 마시니까
용기 생기지
그거 쓰지마
후회 생긴다

자!그냥

잘못된 용기엔
용서도 어려워

최선이
최우선
#오늘도!!

최선이 최우선
최우선이 최선

사랑이 서툰것뿐인데
이별에 능숙해져 간다

쓸데없이
강해져 간다

—

혼자서도

요즘 진짜 힘들지!!
넌 앞으로 어떻게 살고 싶어?
난 어떻게 사는가보다
더 중요한게 있는데…
뭔데?
너랑 사는 거…

너 때문에 알게 됐어
어떻게 사는지보다
누구랑 사는지가 더
중요하다는 걸

언젠가
사랑도 식을수 있고
달콤함도 사라지겠지...

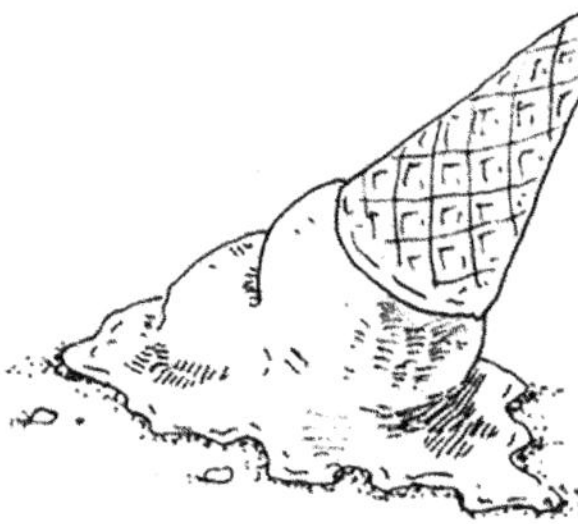

그래도
믿음은 버리지 않기

식어버린 사랑도
사라진 달콤함도
놓아버리지 않는다면

다시 돌아올 거야
떠났던 입맛처럼

다들 꽃옆에 너를 세우지만
나는 니옆에 꽃을 두는거야

다들 꽃이 핀다고 봄이라네
나는 니가 웃어야 봄이던데

나의 안부가
너의 아픔이 아니었으면…

일상 속에서 언젠가 우리
소식으로 서로를 만나겠지

그 소식 귓가에
아픔으로 안 들렸으면

그냥 마술같았다

니 입에선
산토끼가
비둘기가
꽃가루가
끝없이 튀어나왔다

#황홀했다
모든 대화가

네가 걸은 건 말이었지만
내가 걸린 건 마법이었다

내가 니 손 잡아도 될까?
벌써 잡고 있잖아!
내일도 모레도 잡아도 될까
내가 잡게만 하지 마...

억지로 잡고 있을 필요는 없지만
잡고 있는 동안은 놓지 말아줘

다투더라도 힘들더라도
잡고 있어줘

사랑은 쓴거야
그러니까
지켜낸 사람들이 달콤하지…

끝맺이
어떠니

니 맘을 모르는게 아냐
니가 모르는 거지

내 맘을...

모른 척하는 건
알기 때문이야

빈 시간에 널 만나다
널 만나러 날 비운다

#줄게
내 시간…

내가 한가해도
또 내가 바빠도

너는 내 일과야

잘부르진 못해도...
화려하진 않아도...
우리는
어울리는 화음이 될것같아

같이 부를래?

같은 길이
같은 높이
같은 크기
같은 속도
아니더라도

네가 길 땐 내가 짧게
네가 높을 땐 내가 낮게
네가 클 땐 내가 작게
네가 빠를 땐 내가 느리게

잘 맞춰가자

죄송해요
아는 사람인줄
알았어요
괜찮아요
#이제 알아봐요
우리 ...

모든 만남엔 시작이 있죠
우리는 오늘이네요

GO MEAN

가라는 의미야!!

#고민

고민이 되는 일은
무조건 하는 거야

그냥 지나친다면
다시 찾아올 거야

아끼지 마
아끼면 그만큼만 남아있지만

다 쓰면
또다시 채워져 두 배가 돼

사랑은 그래

받고서도 늘어나지만
주고서도 늘어나거든

—

사랑은

언제란 시간 없이
기다리는 건...
어디란 지점 없이
걸어가는 건...
목적이 확실해서야

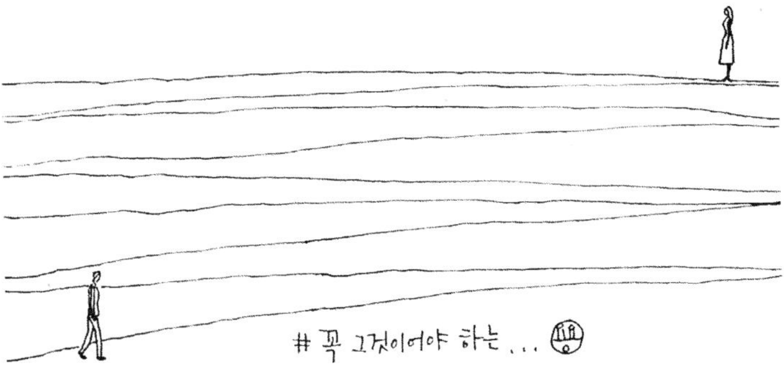

꼭 그것이어야 하는 ...

그곳에
내 것이
있기에

아빠는
엄마가 좋아해줘야지…

가끔은
내 사랑이 누구였는지
잊어버리고 살고는 하지

내
사랑인데…

선택의 순간까지는 고민이 되겠지만
선택의 순간부터는 그것만 봐야겠지

선택 후에도 다른 것을 바라본다면
선택 전과 다른 결과를 보게 될 거야

나만 봐라 하더니

나 몰라라 하더라

손바닥 뒤집듯
속마음 뒤집는

너

월화수목금토일
빨주노초파남보
가나다라마바사
나는너를사랑해

월화수목금토일 모든 요일을
빨주노초파남보 모든 모습을
가나다라마바사 모든 대화를

너라서 사랑해

다 OK 하다가
더 KO 됩니다

싫은 걸 차별할 줄도 알아야
좋은 걸 구별할 수도 있어요

—

다 받아주지 마요

괜찮으면
다음주 토요일에 다시 볼수 있을까요
다음주여? ... 죄송해요
아... 아니에요
이번주 토요일에 봐요
일요일도 보고요 ...
요용

다행이에요
당신이 절 좋아하는 걸 알게 돼서

참 좋아요

사랑이 처음이라고
이별이 봐줄것같아?

잘지켜

사랑이
한 번이건 열 번이건
그 사람과는 처음이잖아

어찌 보면
모든 사랑은 첫사랑인걸…

그대가 있어서 몰랐어요

그대가 없어야 알게 될걸

#저의 대부분이었네요

일부인 줄 알았는데
전부일 줄 몰랐어요

그대가 안 보이자
저도 잘 안 보여요

끝없을 것 같은

우리 사랑은

선물일까

눈물일까

우리들의
마지막은

선물일까
눈물일까

익숙한 너와 이별을 하고
낯선 그와 사랑을 하네

우리는 종종
익숙함에 속아 소중함을 잃고
낯섦에 속아 새로움을 찾지

한눈에 반해서

한눈은 판거니

#두 개니까?

한눈에 반했다더니
그래서 팔았던 거니

—

남아서?

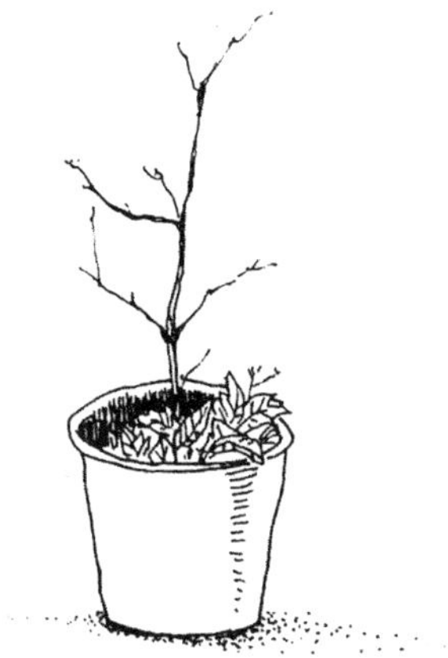

가꾸던 화초는 말라버렸고
날아든 풀꽃은 자리 잡았다

원하던 당신은 떠나버렸고
모르던 그대는 자리 잡았다

열심히 살면서도 가끔씩 길을 잃는 건
자꾸만 남의길을 따라가기 때문이다

#알면서도...

나의 길을 걷다
맘이 사라지면
다시 돌아오면 되는데

남의 길을 걷다
남이 사라지면
길도 사라지기 때문에

가을은 색으로 내려앉아
아팠던 기억도 물들인다
#아름답게...

자연스럽게 변해가는 건
아프고도 아름다운 것

또 전화할까봐
또 보고싶을까봐

조금만 방심하면

네가 또 생각이 나

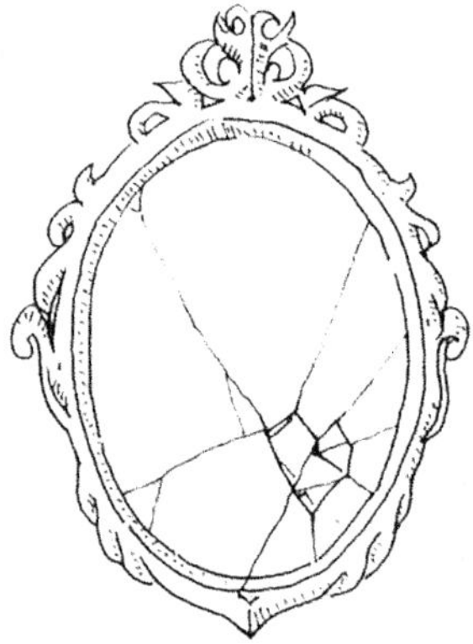

나쁜 사람이었다고
아픈 사랑이었다고
아름다운
기억 하나 없었을까

다
아름다운 기억뿐인데

왜
이렇게나 아픈 걸까

좋은 걸 싫다고 말하고
싫은 걸 좋다고 말했던
그대...

#사랑했지...

나 같지
않아지는 시기

—

사랑이지

어제에
기대있는 삶인가요

내일이
기대되는 삶인가요

힘들어서

—

멈췄나요

힘냈나요

벌써 만났어

너는 모르지
내가 널 좋아하는 줄

나도 몰랐지
내가 널 좋아하게 될 줄

우리의 싸움엔 끝이 없었고
끝이 생기자 우리가 없었다

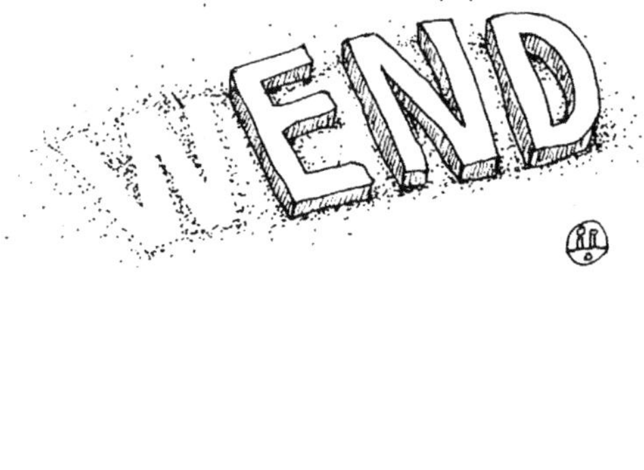

끝도 없이 싸우니까
없던 끝도 생겨나네

끝끝내 끝

하나만 하기도 힘든 걸

두 개를 하고 있으니

X가 될 수밖에...

넌 역시 능력 있어

사랑도 두 개를 같이하다니
이별도 두 개를 같이하겠네

난 너밖에 몰라!!

하며 웃던 네가

넌 너밖에 몰라?

하며 내게 묻네

모르는 건
나였나
너였나

흩어질까

#결국엔...

우리 소원 빌던 홀씨처럼
결국엔 흩어지고 마는 걸까

추억은 얼마나 많은 곳에 내려앉아
나를 또 돌아 걷게 만들까

날아오르지 못한 몇몇은
언제까지 내게 붙어 미련이 될까